❋

# QUELQUES NOTES

## SUR LA CONDUITE

### DE M. LE COMTE

# DE BOURMONT

### EN 1815.

❋

1852

PARIS. — IMPRIMERIE DE G.-A. DENTU,
RUE D'ERFURTH, N° 1 bis

Ma répugnance à parler de moi, mon peu d'habileté à écrire m'ont fait, jusqu'à ce jour, garder le silence sur des évènemens que j'entends dénaturer, depuis seize ans, par l'ignorance et la mauvaise foi; d'autres motifs encore m'engageaient à me taire. Sous le gouvernement des princes que nous avons perdus, toute explication eût ressemblé à une apologie; et aujourd'hui, il est des gens qui feraient semblant de croire que je cherche à excuser une action jugée coupable, par le pouvoir du moment. On se trompe : je n'excuserai, je ne louerai rien; et il sera facile, même à ceux qui ne me connaissent pas, de juger que je présente les faits, dans toute leur vérité.

Un homme pour lequel je ne cesserai d'avoir la plus profonde comme la plus juste vénération, est attaqué dans son honneur, plus encore par l'insultante grâce qu'on prétend lui faire, que par la pétition d'un officier qui, dans son ignorance, l'accuse peut-être de bonne foi : il est de mon devoir de le défendre. M. le comte de Bourmont est le seul qui, dans les déplorables évènemens de 1815, m'ait montré la route de l'honneur et du devoir; je lui dois l'estime dont je jouis à mes propres yeux : il m'excusera donc si je me permets aujourd'hui de jeter quelque lumière sur des faits, qu'il dédaigne sans doute d'expliquer lui-même.

Pour mettre le public à même de juger de la véracité de ce récit, je suis forcé d'entrer dans quelques détails qui ne concernent que moi : je tâcherai d'être bref.

Elevé sous l'empire, ne connaissant d'autre maître que Napoléon, je l'ai servi constamment jusqu'à la fin de 1813, où je fus fait prisonnier par les Prussiens. Jusque-là, j'avais presque ignoré l'existence des princes de la maison de Bourbon; et si l'un d'eux eût alors réclamé mes services, il n'eût obtenu de moi qu'un refus. Je n'ai jamais compris qu'on pût servir deux maîtres, et, à tort ou à raison, Napoléon était alors le mien.

Je rentrai en France à la fin de 1814. La vue de la cocarde blanche me causa une douleur mêlée de honte; elle me semblait imposée par une armée prussienne, et je refusai de la porter. J'étais dans l'intention de quitter le service, et j'allai voir M. le maréchal Ney, pour lui faire part de mes intentions. Il avait fait ma fortune militaire ; il m'accueillit avec bonté, me parla des princes, de leurs vertus, de leur loyauté, de leurs malheurs ; il me dit que l'abdication de l'empereur me rendait ma liberté, et m'engagea à servir encore.

Je voulus d'abord voir les princes. Je me rendis aux Tuileries ; j'y fus témoin d'une scène qui ne s'effacera jamais de ma mémoire. Je rencontrai là plusieurs de ceux que j'appelais mes camarades et mes amis. Après m'avoir parlé du roi et des princes dans les termes les plus méprisans, la porte s'ouvrit, et on annonça le roi : ces mêmes hommes se précipitèrent sur son passage, se disputant un de ses regards. Pour moi, je me tins à l'écart, et je regardai passer tous ces princes. Leur aspect, la confiance avec laquelle ils regardaient tous ceux qui les entouraient, le souvenir confus de leurs malheurs, la noblesse et la bonté qui brillaient dans leurs regards, firent sur moi une telle impression, qu'ils avaient passé depuis longtemps, et j'étais encore à la même place. Je me sentis tout à coup baigné de larmes, et je me retirai en désordre, craignant de laisser voir une émotion dont j'étais en quelque sorte honteux. Je pris à l'instant ma résolution : je retournai auprès de M. le maréchal Ney, et je repris auprès de lui mes fonctions de premier aide-de-camp.

Je puis affirmer que, jusqu'aux évènemens désastreux de 1815, M. le maréchal ne m'exprima jamais

que des sentimens loyaux à l'égard du roi et des princes ; il avait aussi le cœur trop droit pour servir deux
maîtres, et la trahison ne triompha de lui qu'au der-
nier moment. On a prétendu qu'en quittant le roi il
avait déjà dessein de le trahir : cela n'est pas vrai ; on
peut en croire celui qui a été honoré de sa confiance.
Ses intentions étaient loyales ; et il a fallu toute l'ob-
session et la perfidie des hommes qui l'ont conduit
dans l'abîme, pour lui faire oublier des devoirs, qu'il
regardait alors comme sacrés.

Au souvenir de ces évènemens, mon cœur se brise
de douleur... J'ai vu tomber un des plus grands hommes de guerre dont la France s'honore ; j'ai vu avilir
en peu d'heures une âme droite et généreuse ; et il
m'a fallu abandonner celui qui m'avait long-temps
tenu lieu de père, auquel je devais toute ma fortune
militaire.

Dans cette inexprimable angoisse, je rencontrai
M. le comte de Bourmont, que j'avais connu en Al-
lemagne, et qui jouissait d'une haute estime dans
l'armée. Je trouvai en lui des sentimens qui me sem-
blaient d'accord avec ceux qui m'étaient imposés par
ma nouvelle position. Je m'attachai à lui, et nous
revînmes ensemble à Paris. Il rendit compte au roi
des évènemens dont il avait été témoin, et attendit
des ordres qui n'arrivèrent point.

Nous apprîmes presque en même temps le départ
du roi et l'existence d'un ordre d'après lequel M. le
comte de Bourmont, M. le colonel Dubalen, moi et

plusieurs autres devions être arrêtés. Je l'avouerai, accoutumé à des dangers d'une autre espèce, celui-là fit une profonde impression sur mon esprit. Etre jeté dans une prison pour avoir fait ce qui me semblait être le devoir ; tomber entre les mains d'un homme qui, après s'être servi de notre dévouement pendant quinze ans, nous méprisait au point de se jouer des sermens qu'il nous avait lui-même permis de prêter ! Je ne puis dire tout ce qui se passa alors dans mon âme ; mais beaucoup de mes camarades, qui furent comme moi soumis à cette terrible épreuve, me comprendront certainement.

Bientôt les puissances étrangères se coalisèrent contre la France. Des proclamations prussiennes, vraies ou supposées, circulaient dans l'Est et jusqu'à Paris ; il y était question du rétablissement de la république ; quelques expressions pouvaient faire craindre le démembrement, et on n'y faisait nulle mention du roi. C'est alors que je fus en proie à toutes les incertitudes si bien décrites par M. de Bonald. « Dans ces temps malheureux, dit-il, la difficulté « n'était pas de faire son devoir, mais de le connaî- « tre. » J'avais la ferme volonté de le remplir : mais combattu, d'un côté, par mes anciennes habitudes, la reconnaissance que je devais à M. le maréchal Ney, l'horreur de me trouver dans des rangs opposés à ceux de mes anciens compagnons d'armes, et, de l'autre par le cri de ma conscience, qui me disait que je devais remplir les nouveaux engagemens que j'avais contractés librement, tout me jetait dans une perplexité qu'on pourra peut-être concevoir. Je demandais à tous ceux que je rencontrais, où était l'honneur, où était le devoir, ce qu'il fallait faire pour bien faire : les uns souriaient de pitié, ou cachaient leur propre embarras sous le silence ; les autres me répondaient selon leurs sentimens ou leurs intérêts.

M. le comte de Bourmont fut le seul qui me traça un plan de conduite propre à me satisfaire. « Nous « ignorons, me dit-il, les véritables intentions des « puissances étrangères ; le roi ne nous a point laissé « d'ordres, et nous n'avons aucunes nouvelles de lui. « La France est en péril ; de graves évènemens peu- « vent la troubler dans l'intérieur ; elle peut être « morcelée, anéantie par les étrangers ; il faut, avant « tout, la défendre, et rester à l'armée aussi long- « temps que notre présence y sera d'accord avec nos « devoirs envers le roi. On me propose le comman- « dement d'une division ; on n'exige point de ser- « ment ; je pars, voulez-vous me suivre ? » Cette pro- position fixa toutes mes irrésolutions ; je reconnus le véritable chemin du devoir, et je suivis M. de Bourmont, en qualité de chef d'état-major de la division.

Nous nous rendîmes à l'armée de la Moselle, commandée par M. le général Gérard. Lié à M. de Bourmont par d'anciennes relations et une estime réciproque, nous ne lui avons jamais dissimulé nos sentimens ; il peut l'affirmer lui-même. Je citerai un exemple qui paraîtra peut-être de peu d'importance, mais qui prouve que nos sentimens ne lui étaient point cachés. Il me faisait quelquefois la guerre avec bonté au sujet d'une fleur de lis que je portais sur une croix de la Légion - d'Honneur; mais, voyant mon obstination à la conserver, il ne m'en parla plus.

Cependant les évènemens s'amoncelaient autour de nous; les étrangers serraient de plus en plus nos frontières; la France leur répondait par une des plus belles armées qu'elle eût jamais mises sur pied, animée d'un enthousiasme qu'il serait difficile de décrire. M. le comte de Bourmont, malgré la douleur qu'il éprouvait en combattant sous un drapeau ennemi de son roi, faisait taire ses affections, et ne voyait que le danger de la France, lorsque parut l'Acte additionnel aux Constitutions de l'empire. Cet acte fut adressé à tous les corps de l'armée; et il était prescrit à chaque officier d'y apposer son adhésion ou son refus. Dès lors tout était changé pour nous. M. de Bourmont vit qu'il ne pouvait plus rester à l'armée sans se rendre coupable envers le roi; il signa et motiva son refus. Je suivis son exemple.

Dès ce moment, il dut se considérer comme ayant perdu son commandement. Il voulait aller trouver le général Gérard pour lui faire part de la résolution où il était de se retirer; je fis tous mes efforts pour l'en dissuader. « J'ai comme vous, lui dis-je, la plus « haute estime pour le caractère de M. le général « Gérard; je suis convaincu qu'il est digne de votre « franchise, et qu'agissant avec pleine liberté, il ne

« fera contre vous rien qui soit indigne de lui ; mais
« il est entouré de gens qui ne lui ressemblent pas ;
« le chagrin que vous lui causerez sera facilement
« pénétré, on le compromettra et on le forcera à
« vous faire arrêter. » Je suppliai long-temps M. de
Bourmont de changer de résolution ; il finit par se rendre à mes instances, mais il voulut voir une dernière
fois le général. Je n'ai point connaissance de ce qui
se passa dans cette entrevue ; mais, à son retour,
M. de Bourmont me parut fermement disposé à quitter l'armée, et à rejoindre le roi le plus tôt possible. Il
savait que je partagerais son sort, quel qu'il fût, malgré la répugnance que j'éprouvais à traverser une
armée étrangère.

Il fit venir M. le général Hulot, commandant aujourd'hui à Lyon, et qui commandait alors la pre-
mière brigade de sa division ; il ne lui cacha rien de
ses projets, et lui remit le commandement de l'état-
major. Cet officier, qui était alors fort attaché à M. de
Bourmont, et qui m'honorait aussi de son amitié,
passa la nuit avec nous dans les épanchemens d'une
confiance que nous avons toujours crue sincère. « Je
« vous connais trop, nous disait-il, pour penser que
« vous fassiez rien contre le devoir, mais il me serait
« impossible de le trouver là ; je reste avec les hommes
« qu'on m'a confiés, et je souhaite que nous nous re-
« trouvions dans des temps meilleurs ; nous pou-
« vons nous tromper l'un ou l'autre, mais nous avons
« la conviction mutuelle que nous suivons, cha-

« cun de bonne foi, ce que nous croyons être le
« devoir. »

Plus de seize années se sont écoulées depuis cette
époque, et je puis ne pas rendre exactement les expressions de M. le général Hulot; mais il existe, il
est homme d'honneur, et il peut dire si les sentimens
que je viens d'exprimer n'étaient pas alors les siens.
Je le prie aussi de dire hautement si jamais M. de
Bourmont l'engagea à le suivre.

Avant de partir, M. de Bourmont écrivit à M. le
général Gérard une lettre que M. le maréchal a pu
conserver, et dont il a certainement gardé le souvenir.
S'il la possède encore, il ne serait pas indigne de lui
de la faire connaître, on peut même s'étonner qu'il
ne l'ait pas fait plus tôt, elle exprime avec simplicité
et franchise les sentimens de M. de Bourmont, les
motifs de sa conduite, l'impossibilité où il est de rester
plus long-temps à l'armée, et les regrets qu'il éprouve
en la quittant.

Le 14 juin, à trois heures du matin, nous nous sé-
parâmes de M. le général Hulot; nous étions escortés
par une quinzaine de chasseurs : nous arrivâmes bientôt à la hauteur des avant-postes prussiens. Là, M. de
Bourmont ne voulut permettre à aucun des chasseurs
de le suivre; il renvoya l'escorte, et ne fut accom-
pagné que par quatre ou cinq officiers qui, comme
lui, avaient refusé de signer l'Acte additionnel. Nous
gagnâmes le premier poste prussien, en promettant
au général un silence absolu sur tout ce qui concer-

nait l'armée française. Je dois croire que chacun de nous a tenu parole, car aucun n'a quitté M. de Bourmont. On nous tint plus de douze heures, nous faisant passer de poste en poste jusqu'au quartier-général du maréchal Blücher. Les Prussiens étonnés croyaient que nous passions dans leurs rangs. Cette supposition et l'horreur que j'éprouvais en me trouvant au milieu d'une armée qui naguère me traitait en ennemi, m'ont laissé un souvenir qui ne s'effacera jamais. C'était sans doute le plus grand sacrifice que je pouvais faire à l'accomplissement de ce que je regardais alors, et que je regarde encore aujourd'hui comme mon devoir.

Enfin, on nous laissa libres, et nous allâmes coucher à Namur. Le lendemain on se battait près de Charleroy, et le surlendemain 16, les Français étaient vainqueurs à Fleurus, et le bruit de cette victoire porta la terreur jusqu'à Bruxelles, où nous venions d'arriver. On sait ce qui succéda à un premier succès : les Français victorieux à Fleurus succombèrent à Waterloo par suite de circonstances que personne dans l'armée n'avait pu prévoir.

Je dirai donc, comme le noble fils de M. de Bourmont : « Il ne fut point parjure, car non seulement il n'avait rien promis, mais il avait refusé hautement son adhésion à l'expulsion de la maison de Bourbon. Il ne fut point traître, car il n'a rien livré; il ne fut point déserteur, car sa noble conduite l'avait déjà mis hors des rangs de l'armée. »

Voilà l'homme auquel la calomnie s'attache depuis

près de dix-sept ans, avec une persévérance qu'on pourrait appeler *fanatique*. Chose étrange! et qu'on aura peine à croire, j'ai vu des hommes d'une fidélité fort équivoque, ainsi que le prouve leur conduite actuelle, chercher à insinuer aux Princes des doutes sur la sincérité du dévouement de M. de Bourmont; et comme le mensonge est flexible de sa nature, on l'accuse maintenant d'avoir trahi Napoléon et un gouvernèment qui, dans tous les cas, n'était pas celui qui nous régit aujourd'hui.

Ce simple récit suffira sans doute pour éclairer les hommes de bonne foi; quant aux autres, je n'écris pas pour eux; mais que chacun de ceux qui accusent M. le comte de Bourmont, mette la main sur sa conscience, et ose se dire meilleur Français qu'il ne l'a été en 1815.

Je ne puis terminer ces Notes sans parler des évènemens qui ont suivi la bataille de Waterloo. La Flandre était envahie par les étrangers. M. de Bourmont y fut envoyé, et sut par sa fermeté et son esprit de conciliation, conserver au Roi plus de quinze places que la France aurait peut-être perdues pour toujours; le seul commandant de Maubeuge s'obstina à ne pas reconnaître le Roi, et préféra livrer la ville aux Prussiens : celui-là était sans doute meilleur Français que M. de Bourmont!!!

COMTE CLOUET,
maréchal-de-camp.